AUTORES:

JOSÉ MARÍA CAÑIZARES MÁRQUEZ
CARMEN CARBONERO CELIS

COLECCIÓN OPOSICIONES MAGISTERIO: EDUCACIÓN FÍSICA

¿CÓMO HACER EL EXAMEN ESCRITO EN LAS OPOSICIONES DOCENTES?:
ESTRATEGIAS PARA LA REALIZACIÓN DE LA PRUEBA "A"
(OPOSICIONES MAGISTERIO, EDUCACIÓN FÍSICA)

WANCEULEN
EDITORIAL DEPORTIVA

COLECCIÓN OPOSICIONES MAGISTERIO: EDUCACIÓN FÍSICA

¿CÓMO HACER EL EXAMEN ESCRITO EN LAS OPOSICIONES DOCENTES?
ESTRATEGIAS PARA LA REALIZACIÓN DE LA PRUEBA "A".
(OPOSICIONES MAGISTERIO, EDUCACIÓN FÍSICA)

AUTORES

José Mª Cañizares Márquez

- Catedrático de Educación Física
- Tutor del Módulo del Practicum del Master de Secundaria
- Especialista en preparación de opositores
- Autor de numerosas obras sobre Educación y Preparación Física

Carmen Carbonero Celis

- D. E. A. en Instituciones Educativas
- Licenciada en Pedagogía
- Maestra de Primaria y Secundaria en centros de Educación Compensatoria
- Didacta del Módulo de Pedagogía General en el CAP
- Profesora de Pedagogía Terapéutica en Centro Educación Primaria

Título: ¿CÓMO HACER EL EXAMEN ESCRITO EN LAS OPOSICIONES DOCENTES? ESTRATEGIAS PARA LA REALIZACIÓN DE LA PRUEBA "A" (OPOSICIONES MAGISTERIO, EDUCACIÓN FÍSICA)

Autores: José Mª Cañizares Márquez y Carmen Carbonero Celis

Editorial: WANCEULEN EDITORIAL DEPORTIVA, S.L.

C/ Cristo del Desamparo y Abandono, 56   41006 SEVILLA

Tlfs (95) 465 66 61   y   492 15 11 - Fax: (95) 492 10 59

Dirección web: www.wanceulen.com

I.S.B.N.: 978-84-9993-470-9

Dep. Legal:

© **Copyright:** WANCEULEN EDITORIAL DEPORTIVA, S.L.

Primera Edición: Año 2016

Impreso en España:

Reservados todos los derechos. Queda prohibido reproducir, almacenar en sistemas de recuperación de la información y transmitir parte alguna de esta publicación, cualquiera que sea el medio empleado (electrónico, mecánico, fotocopia, impresión, grabación, etc), sin el permiso de los titulares de los derechos de propiedad intelectual. Cualquier forma de reproducción, distribución, comunicación pública o transformación de esta obra solo puede ser realizada con la autorización de sus titulares, salvo excepción prevista por la ley. Diríjase a CEDRO (Centro Español de Derechos Reprográficos, www.cedro.org) si necesita fotocopiar o escanear algún fragmento de esta obra.

ÍNDICE

Colección oposiciones de magisterio. Especialidad de Educación Física. Presentación de la Colección. 7

Introducción. 9

1. Criterios e indicadores de corrección y evaluación que siguen los tribunales en las oposiciones docentes. 11

2. Consejos sobre cómo estudiar los temas. Estrategias. 21

3. Recomendaciones para la realización del examen escrito. Estrategias. 25

4. Partes estándares a todos los temas. 31

COLECCIÓN OPOSICIONES DE MAGISTERIO. ESPECIALIDAD DE EDUCACIÓN FÍSICA. PRESENTACIÓN DE LA COLECCIÓN

Los autores, con muchos años de experiencia en la preparación de oposiciones, hemos plasmado en esta Colección multitud de argumentos y detalles con la finalidad de que cada persona interesada en acceder a la función pública conozca minuciosamente todos los pormenores de la preparación.

La Colección está compuesta por una treintena de volúmenes, de los que veinticinco están dedicados a otros tantos capítulos del temario, y los cinco restantes a cómo hacer y exponer oralmente la programación didáctica y las UU. DD., así como a resolver el examen práctico escrito.

Los destinados a los temas llevan incorporados unos aspectos comunes previos sobre cómo hay que estudiarlos y consejos acerca de cómo realizar el ejercicio. Los aplicados al examen oral: defensa de la programación y exposición de las U.D.I., también llevan un capítulo referente a cómo es mejor hacer la expresión verbal, el mensaje expresivo, el esquema en la pizarra, etc.

Es decir, los autores no nos hemos ceñido a publicar un temario para las dos pruebas escritas (tema y casos prácticos) y las dos orales (programación y unidades). Hemos querido hacer partícipe de las técnicas que hemos seguido estos años y que tan buen resultado nos han dado, sobre todo a quienes sacaron plaza merced a su propio esfuerzo. No obstante, debemos destacar un aspecto capital: ratio del tribunal, es decir, ¿con cuántos opositores me tengo que "enfrentar" para conseguir la plaza?

Ya podemos ir perfectamente preparados, que si un tribunal tiene dos plazas para dar y hay diez opositores con un diez... la suerte de tener una décima más o menos en la fase de concurso nos dará o quitará la plaza.

Por otro lado, es conocido que desde hace año en España tenemos diecisiete "leyes de educación", es decir, una por autonomía, además de la que es común para todos y que, como las autonómicas, depende del partido político que gobierne en ese momento. No podemos obviar que la Educación y todo lo que le rodea -incluidos opositores- es un aspecto más de la política, si bien entendemos debería ser justo lo contrario. La formación de nuestros hijos no debe estar en función de unas siglas de unos partidos políticos, porque cuando uno consigue el poder, elimina por sistema lo hecho por el anterior, esté mejor o peor. Ejemplos, por desgracia, hay muchos desde la LOGSE/1990. Así pues, abogamos por un Pacto Educativo que incluya, lógicamente, a opositores y al Sistema de Acceso a la Docencia.

Esto trae consigo que, forzosamente, debamos basarnos en una serie de elementos legislativos. En nuestro caso, además de la nacional, nos remitimos a la de Andalucía. Por ello, las personas opositoras que nos lean deberán adecuar las citas legislativas autonómicas que hagamos a las de la comunidad/es donde acuda a presentarse a las oposiciones docentes.

Para cualquier información corta, los autores estamos a disposición de las personas lectoras en:
oposicionedfisica@gmail.com

INTRODUCCIÓN

Este volumen trata exclusivamente, a diferencia del resto de la Colección, de cómo hacer y preparar el examen escrito del tema ("prueba A"), aunque es también en muchos sentidos, aplicable al práctico escrito.

Por un lado tratamos diversos aspectos comunes a todos los temas escritos. Es decir, nos centramos en cómo hay que estudiarlos a partir de los propios criterios de valoración del examen que indica la Consejería de Educación de la Junta de Andalucía, y que suelen ser similares a los de otras autonomías. También incluimos los criterios de otras comunidades, pero no de todas porque se nos haría interminable.

Incluimos una serie de consejos acerca de cómo estudiar los temas, cuestión que no es baladí porque el opositor, habitualmente, está muy limitado por el tiempo disponible para realizarlo.

Esto nos lleva a siguiente punto, el "perfil" de cada opositor, su capacidad grafomotriz muy a tener en cuenta para que en el tiempo dado seamos capaces de tratar el tema elegido con una estructura adecuada a los criterios de evaluación que el tribunal va a usar en la corrección.

Es muy corriente el comentario de "mientras más sepas, más nota sacas y más posibilidades de obtener plaza tienes". Esto trae consigo, en muchas ocasiones, que el opositor se encuentre con "montañas de papeles" sin estructurar, sin saber si un documento reitera lo de otro, sin dominar la capacidad de síntesis ante tanto volumen de definiciones, clasificaciones, teorías, opiniones, etc.

La realidad es muy distinta. El opositor debe llevar preparado un número de temas suficientes para que el porcentaje de que le salga el estudiado sea muy alto. Pero todos experimentados con la información muy exacta de lo que le da tiempo a escribir correctamente desde todos los puntos: científico, legislativo, autores, estructura del propio examen, sintaxis, ortografía, etc.

Muchas veces nos han preguntado por el conocimiento de los tribunales, si están al día, etc. Nuestra respuesta ha sido siempre la misma: "sabrán más o menos de cada uno de los temas, lo leerán con más o menos detenimiento, pero seguro que lo que más saben es corregir escritos porque lo hacen a diario en sus aulas, de ahí que debamos prestar la máxima atención a estos aspectos formales". Para ello añadimos al final una hoja-tipo.

Completamos este primer capítulo con una tabla de planificación semanal que debemos hacer desde un principio para "obligarnos" y seguirla con disciplina espartana, si de verdad queremos tener éxito.

1. CRITERIOS E INDICADORES DE CORRECCIÓN DE EVALUACIÓN QUE SIGUEN LOS TRIBUNALES EN LAS OPOSICIONES DOCENTES

Consideramos **imprescindible** saber **previamente** cómo nos va a **evaluar** el Tribunal para realizar el examen con respecto a los **ítem** que va a tener en cuenta. Aportamos varios **modelos** que han transcendido y que, básicamente, se diferencian en la **formulación** de las consideraciones y en su valoración, no en el **fondo**.

CRITERIOS DE EVALUACIÓN EN ANDALUCÍA.

La Consejería de Educación de la Junta de Andalucía informa a los sindicatos, en mayo de 2007, sobre un "borrador" de criterios de evaluación para el "Concurso Oposición al Cuerpo de Maestros 2007". Posteriormente, como pudimos comprobar esa convocatoria y las siguientes, estos criterios se hicieron "firmes".

Transcribimos literalmente los cinco puntos a considerar sobre el tema escrito:

CRITERIOS GENERALES TEMA ESCRITO

Estructura del tema.

a) Presenta un índice.
b) Justifica la importancia del tema.
c) Hace una introducción del mismo.
d) Expone sus repercusiones en el currículum y en el sistema educativo.
e) Elabora una conclusión acorde con el planteamiento del tema.

Contenidos específicos.

a) Adapta los contenidos al tema.
b) Secuencia de manera lógica y clara sus apartados.
c) Argumenta los contenidos.
d) Profundiza en los mismos.
e) Hace referencia al contexto escolar.

Expresión.

a) Muestra fluidez en la redacción.
b) Hace un uso correcto del lenguaje, con una buena construcción semántica.
c) Emplea de forma adecuada el lenguaje técnico.

Presentación.

a) Presenta el escrito con limpieza y claridad.
b) Utiliza un formato adecuado teniendo en cuenta el apartado 4 del artículo 7.4.1. de la Orden de 24 de marzo de 2007, BOJA nº 60 del 26/03/2007.
Nota: Se refiere a aspectos formales tales como no firmar el examen, entregarlo en un sobre con etiquetas, etc.

Bibliografía/Documentación.

a) Fundamenta los contenidos con autores o bibliografía.
b) Sitúa el tema en el marco legislativo pertinente.

La Consejería de Educación de la Junta de Andalucía informa a los sindicatos, en **junio de 2015**, sobre los criterios de evaluación para el "Concurso Oposición al Cuerpo de Maestros 2015". Transcribimos literalmente los cuatro puntos a considerar sobre el tema escrito:

**CRITERIOS GENERALES A TENER EN CUENTA
EN LA CORRECCIÓN DEL TEMA ESCRITO (JUNIO 2015)**.

1. Estructura del tema.

a) Secuencia de manera lógica y clara cada uno de los apartados del tema
b) Expone con claridad

2. Contenidos.

a) Argumenta y justifica científicamente los contenidos
b) Conoce y tarta con profundidad el tema
c) Realiza una transposición didáctica de la teoría expuesta a la práctica
d) Fundamenta los contenidos con autores y bibliografía que realmente hagan referencia al contenido en cuestión, así como a la normativa vigente

3. Expresión.

a) Redacta con fluidez
b) Usa correctamente el lenguaje y presenta una adecuada construcción sintáctica
c) Usa con propiedad el lenguaje técnico específico de la especialidad
d) No se aprecian divagaciones, reiteraciones, etc.

4. Presentación.

a) El ejercicio es legible: no hay que estar deduciendo qué quiere decir ni traduciendo el texto
b) Se observa limpieza y claridad en el ejercicio
c) Usa un formato adecuado

CRITERIOS GENERALES A TENER EN CUENTA EN LA CORRECCIÓN DEL TEMA ESCRITO
(Comunidad de Castilla-La Mancha)

Los criterios de evaluación del tema escrito (Comunidad de Castilla-La Mancha), que tuvieron los tribunales en cuenta en la convocatoria de 2007 y que fueron establecidos por la Comisión de Selección de la Especialidad de Educación Física, son:

CRITERIOS PARA EVALUAR EL TEMA ESCRITO. PARTE "A"	Puntuación
1.- Introducción, justificación, índice y mapa conceptual.	(MÁXIMO 1,5 puntos)
2.- Contenidos específicos	
2.1.- Trata todos los epígrafes del tema. 2.2.- Adecuación de los contenidos al tema. Los contenidos se ajustan al tema. 2.3.- Profundización de los mismos. 2.4.- Organización lógica y clara en cada punto. Atendiendo al índice. 2.5.- Argumentación de los contenidos. 2.6.- Referencia al contexto escolar 2.7.- Relaciona con otros temas del currículum. 2.8.- Originalidad y creatividad en el tema.	(MÁXIMO 6,5 puntos)
3.- Bibliografía	
3.1.- Bibliografía específica del tema. Cita autores y hace referencias bibliográficas. 3.2.- Aspectos legislativos. Hace referencia a la legislación nacional y autonómica.	(MÁXIMO 0,75 puntos)
4.- Conclusión y valoración personal	(MÁXIMO 0,75 puntos)
5.- Aspectos formales. Presentación, estructura, organización, uso de vocabulario técnico.	(MÁXIMO 0,5 puntos)
6.- Errores	
a. Divagaciones b. Faltas de ortografía c. Errores garrafales	SE VALORARÁ NEGATIVAMENTE POR PARTE DEL TRIBUNAL
Total	10 Puntos.

OTROS CRITERIOS GENERALES A TENER EN CUENTA EN LA CORRECCIÓN DEL TEMA ESCRITO

Otros tribunales siguieron unos criterios de evaluación del examen escrito como los que ahora reflejamos:

CRITERIOS PARA EVALUAR EL TEMA ESCRITO			
1		Introducción, índice y mapa conceptual	Máximo 1 punto
2		Nivel de contenidos	Máximo 5 puntos
	2.1.	Trata todos los epígrafes del tema	
	2.2.	Los contenidos se ajustan al temario	
	2.3.	Relaciona con otros temas del curriculum	
	2.4.	Hace referencia a la legislación nacional y autonómica	
	2.5.	Cita autores y/o referencias bibliográficas	
3		Aspectos formales: presentación, estructura, organización, vocabulario y ortografía	Máximo 3 puntos
4		Conclusión, valoración personal y bibliografía	Máximo 1 punto

Esta tabla tuvo su origen en la Convocatoria de Castilla La Mancha hace unos años. Sus criterios siguen vigentes.

Cuadro resumen de los Criterios de Evaluación	Temas A
1.- Contenidos específicos a. Adecuación de los contenidos al tema. b. Profundización de los mismos. c. Organización lógica y clara en cada punto (Índice). d. Argumentación de los contenidos. e. Referencia al contexto escolar. f. Originalidad y creatividad en el tema.	2,75 puntos
2.- Introducción y conclusión a. Justificación de la importancia del tema. b. Repercusiones en nuestra área y en el Sistema Educativo. c. Buena introducción del tema. d. Conclusión.	0,5 puntos
3.- Expresión a. Fluidez del discurso. b. Buena redacción, sin errores sintácticos, redundancias... c. Uso del lenguaje técnico.	1 puntos
4.- Presentación a. Limpieza y claridad. b. Formato con variedad de recursos (gráficos, sangrías, diferenciación entre títulos, subtítulos, contenidos, esquema, etc.)	0,5 puntos
5.-Bibliografía a. Bibliografía específica del tema. b. Aspectos legislativos.	0,25 puntos
Penalizaciones a. Divagaciones b. Faltas de ortografía c. Errores garrafales	A restar según criterio del propio tribunal
Totales	5 Ptos.

En **2013**, la Convocatoria de Primaria en **Castilla-La Mancha** incluían estos **criterios**:

PARTE 1B *DESARROLLO DE UN TEMA DE LA ESPECIALIDAD*	PESO ESPECÍFICO
1. Estructurar el tema de forma coherente, secuenciada, justificada y equitativa con todos los apartados.	25%
2. En relación a los contenidos desarrollados, responder al tema planteado, adaptándose al currículum, con aportaciones teórico-prácticas, siendo funcional para la práctica docente.	40%
3. Ser original y creativo en el desarrollo del tema, estableciendo conexiones con otros contenidos del currículum, con aportaciones personales fundamentadas que revelan la creación propia e inédita del mismo.	15%
4. El tema será afín a unas bases teóricas, a una fundamentación científica de la que parte el currículum, al tiempo que aporta ideas nuevas.	5%
5. Mostrar una lectura fluida y comprensible, con una actitud transmisora y un desarrollo expositivo que se ciñan al tema.	15%

En la Convocatoria de **Secundaria** de **Andalucía** de **2016**, los criterios o "indicadores" a tener en cuenta por los tribunales para el examen escrito, son:

INDICADORES

• ESTRUCTURA DEL TEMA:

- Índice (adecuado al título del tema y bien estructurado y secuenciado).
- Introducción (justificación e importancia del tema).
- Desarrollo de todos los apartados recogidos en el título e índice.
- Conclusión (síntesis, donde se relacionan todos los apartados del tema).
- Bibliografía (cita fuentes diversas, actualizadas y fidedignas).

• EXPRESIÓN Y PRESENTACIÓN:

- Fluidez en redacción, adecuada expresión escrita: ortografía y gramática.
- Riqueza y corrección léxica y gramatical (IDIOMAS).
- Limpieza y claridad.

• CONTENIDOS ESPECÍFICOS DEL TEMA:

- Nivel de profundización y actualización de los contenidos.
- Valoración o juicio crítico y fundamentado de los contenidos.
- Ilustra los contenidos con ejemplos, esquemas, gráficos...
- Secuencia lógica y ordenada.
- Uso correcto y actualizado del lenguaje técnico.

En la Comunidad Valenciana, convocatoria de 2016, los criterios anunciados, son:

A) SECUNDARIA.

Se valorarán los conocimientos específicos, científicos y técnicos de los candidatos, necesarios para impartir docencia en Educación Física, así como su aptitud pedagógica y dominio de las técnicas necesarias para el ejercicio docente.

Examen escrito del Tema elegido

INDICADORES:

1. Estructura del tema.

1. *Presenta un índice.*
2. *Justifica la importancia del tema.*
3. *Hace una introducción del mismo.*
4. *Las distintas partes están compensadas en extensión según su importancia.*
5. *Elabora una conclusión acorde con el planteamiento del tema.*

2. Estructura del tema.

1. *Adapta los contenidos al tema y desarrolla todos los apartados expresados en el título*
2. *Secuencia de manera lógica y clara sus apartados.*
3. *Utiliza los conceptos con rigor y de forma actualizada.*
4. *Profundiza en los contenidos, siendo la información de cada parte lo más completa y exhaustiva posible.*
5. *Enfoca de forma correcta las diferentes corrientes o autores, con rigor científico.*
6. *Realiza una opinión personal y la justifica.*
7. *Relaciona el tema con la legislación vigente, incluye bibliografía, páginas web u otras fuentes de información.*

3. Expresión.

1. *Muestra fluidez en la redacción.*
2. *Hace un uso adecuado del lenguaje, con una correcta ortografía y una buena construcción sintáctica.*
3. *Emplea un vocabulario científico amplio y adecuado al tema tratado.*
4. *En la exposición oral se limita a la lectura de lo escrito.*

4. Presentación

1. *Presenta un escrito con orden, limpieza y claridad.*

B) PRIMARIA.

1a PRUEBA: Tendrá por objeto la demostración de los conocimientos específicos en E.F.

PARTE A:

Desarrollo por escrito en un tiempo de dos horas, de un tema escogido de entre dos sacados al azar por el tribunal.

Para la realización de esta parte A de la prueba se dispondrá de dos horas y, una vez finalizado el ejercicio, los tribunales iniciarán la lectura pública por las personas aspirantes del ejercicio realizado.

Se valorará:

1. Estructura del tema:

a) Presenta un índice.
b) Justifica la importancia del tema.
c) Hace una introducción del mismo.
d) Las distintas partes están compensadas en extensión según su importancia.
e) Elabora una conclusión acorde con el planteamiento del tema.

2. Contenidos específicos

a) Adapta los contenidos al tema y desarrolla todos los apartados expresados en el titulo del tema.
b) Secuencia de manera lógica y clara sus apartados.
c) Argumenta los contenidos.
d) Profundiza sobre los mismos, siendo la información de cada parte lo más completa y exhaustiva posible.
e) No existen errores de contenido ni concepto.

3. Expresión

a) Muestra fluidez en la redacción.
b) Hace un uso adecuado del lenguaje, con una correcta ortografía y una buena construcción sintáctica.
c) Emplea un vocabulario científico amplio y adecuado al tema tratado.

4. Presentación

a) Presenta un escrito con limpieza y claridad.
b) Se limita a la lectura de lo escrito.

5. Bibliografía/Documentación

a) Fundamenta los contenidos con autores o bibliografías.
b) Hace referencia a bases legales.
c) Cita fuentes de procedencia digital.

La **Junta de Castilla y León,** en su Convocatoria de Maestros del año **2016**, indica los siguientes criterios para el examen escrito del tema:

DESARROLLO DE UN TEMA DE LA ESPECIALIDAD

PESO ESPECÍFICO: 15%

1. Mostrar una lectura fluida y comprensible, con una actitud transmisora, precisión terminológica y riqueza de léxico, sintaxis fluida y sin incorrecciones y con corrección ortográfica.

PESO ESPECÍFICO: 20%

2. Estructurar el tema de forma clara, ordenada, coherente y equitativa con todos los apartados.

PESO ESPECÍFICO: 40%

3. En relación a los contenidos desarrollados, responder al tema planteado, adaptándose al currículum, con aportaciones teórico-prácticas, siendo funcional para la práctica docente.

PESO ESPECÍFICO: 5%

4. El tema responderá a unas bases teóricas y a la fundamentación científica de la que parte el currículum.

PESO ESPECÍFICO: 20%

5. Ser original y creativo en el desarrollo del tema, estableciendo conexiones con otros contenidos del currículum, con aportaciones personales fundamentadas que revelan la creación propia e inédita del mismo.

La **Junta de Comunidades de Castilla-La Mancha**, en su Convocatoria de Maestros, año **2016**, indica:

CRITERIOS DE EVALUACIÓN	INDICADORES	VALORACIÓN
1. Elabora una introducción teniendo en cuenta los siguientes aspectos.	A. Hay un índice de referencia. B. Estructuración del tema. C. Presenta justificación.	Máximo: 1,5 puntos.
2. Desarrolla los contenidos específicos.	A. Trata todos los epígrafes del tema estableciendo una organización y siguiendo un orden. B. Adecuación, profundización y argumentación de los contenidos al tema. C. Aplica el contenido del tema a la realidad del contexto educativo. D. Presenta un enfoque innovador. E. Cita autores y bibliografía referente al contenido del tema. F. Utiliza la terminología exacta y correctamente.	Máximo: 7 puntos.
3. Incluye bibliografía, webgrafía y referencias legislativas.	A. Índice bibliográfico relacionado con el contenido del tema. B. Aspectos legislativos. Hace referencia a la legislación nacional y autonómica. C. Cita referencias webs relacionadas con el contenido del tema.	Máximo: 0,50 puntos.
4. Elabora una conclusión teniendo en cuenta los siguientes aspectos.	A. Destaca los aspectos más relevantes del contenido del tema. B. Destaca la relación del contenido del tema con el actual sistema educativo.	Máximo: 0,50 puntos.
5. Cuida los aspectos formales.	A. Presentación. B. Claridad en la presentación. C. Organización. D. Estructura. E. Uso de vocabulario técnico.	Máximo: 0,50 puntos.

6. Errores.	A. Divagaciones.
	B. Ortografía
	  a. Faltas ortográficas
	  b. Tildes.
	  c. Abreviaturas que no correspondan a unas siglas.
		Valoración negativa sin cuantificar.

TOTAL PUNTUACIÓN		Máximo: 10 puntos.

2. CONSEJOS SOBRE CÓMO ESTUDIAR LOS TEMAS. ESTRATEGIAS.

Exponemos una serie de consejos que solemos dar a nuestros opositores. Si bien la especialidad que tratamos los autores son Primaria y Educación Física, quien nos lea puede adecuar este contenido a la asignatura o área que le interese:

- Cada uno tiene un "método" que ha experimentado durante su vida de estudiante, sobre todo a nivel universitario, de ahí que nuestra influencia sea relativa. No obstante, muchos nos reconocen que *"nunca hemos estudiado en profundidad hasta comenzar a prepararnos las oposiciones"*.

- Antes de nada debemos cambiar la mentalidad que traemos de la facultad: "basta con aprobar". En una oposición debemos buscar sacar la máxima nota posible para tener alguna posibilidad de éxito consiguiendo la plaza.

- Reconocemos que hay **múltiples** formas de estudio. Hemos tenido opositores que necesitaban estar tumbados, otros sentados y en total silencio, otros tenían que tener forzosamente una tenue música de fondo, etc. Es decir, existen muchas maneras con más o menos **dependencia/independencia de campo**.

- Unos precisan **luz** natural, otros luz blanca o azul, con flexo cercano o con la de la lámpara del techo…

- Hay quien prefiere estudiar a base de **resúmenes** hechos en un procesador de textos y otros, en cambio, tenían que estar a mano.

- Muchos prefieren **grabar** verbalmente los contenidos para reproducirlos cuando viajan, corren, nadan o andan y así aprovechar estos "tiempos muertos".

- Otros requieren **gráficos** y mapas conceptuales. Incluso, hemos tenido los que preferían hacer un póster-esquema y colgarlo a la pared para leerlo de pie…

- Otro grupo lo conforman aquellos que prefieren subrayar o señalar los puntos clave con rotulador marcador tipo fluorescente, otros a lápiz… Eso sí, lo señalado debe tener encadenamiento o cohesión interna para verterlo, ya redactado, en el examen, de ahí que **debamos estudiar escribiendo**, porque el examen escrito trata de ello.

- Debemos usar bolígrafos de gel por ser más rápidos en su trazo y papel tamaño A4, que es el que nos van a proporcionar el día del examen. Ojo a los tipos de **bolígrafos permitidos** por los tribunales, debemos estar muy atentos a lo que nos dicen el día de la **presentación**. Independientemente de ello, debemos acostumbrarnos a poner el folio directamente sobre la superficie dura de la mesa, ya que así la velocidad de escritura es superior que si lo situamos encima de otros folios porque éstos hacen que el espacio de apoyo nos frene por ser más blando. Un **reloj** para controlarnos los tiempos es imprescindible también.

- En cualquier caso, no sería bueno estudiar más de dos horas seguidas, sobre todo si estamos sentados. Ello, normalmente, acarrea contracturas dorso-lumbares, en los miembros inferiores, etc. con el consiguiente dolor y molestia. Lo mismo podemos decir a nivel de nuestra visión.

- Es bueno, pues, cada dos horas aproximadamente, hacer un **alto horario** de 8-10 minutos para despejarnos mentalmente y estirarnos físicamente. Beber **agua** y la ingesta de **fruta** suele ser positivo. Esto es extensible al día del examen de la oposición.

- Realizar **actividad física o deportiva** varias veces a la semana es muy aconsejable por simple razón de compensación y revitalización personal.

- No obstante, si la convocatoria nos dice que el escrito durará más de este tiempo, debemos paulatinamente aumentar las dos horas hasta llegar al **tope** marcado.

- Siempre recomendamos realizar una **planificación** semanal personalizada, que regule nuestro **tiempo** destinado al estudio (avance y repaso de los temas del escrito, casos prácticos, exposición oral), al trabajo, deporte, ocio, obligaciones familiares, etc. Ver tabla/ejemplo en la página siguiente.

- **¿Cuánto tiempo dedicar al estudio?** No podemos dar "recetas" pues depende del nivel previo de cada opositor. Hay quien trae excelentes aprendizajes previos de la carrera y hay quien ese nivel lo trae demasiado básico. Otros ya tienen experiencias en oposiciones, etc. Así pues cada uno debe auto regularse en función de sus capacidades y circunstancias personales. Genéricamente podemos indicar que, al menos, 4-6 horas/día divididas por un descanso de 10-15 minutos puede ser un estándar adecuado. A partir de ahí, personalizar en función del avance o no obtenido.

- Siempre debemos tener un "**molde personal**" en función de la capacidad grafomotriz, habida cuenta el **ahorro** de tiempo y energía que nos supone seguir esta estrategia. ¿Cuánto soy capaz de escribir en el tiempo dado?

- De cualquier forma, debemos respetar el dicho popular "*lo que no se recuerda, no se sabe*", de ahí **memorizar comprensivamente** lo más significativo.

- La **memoria**, al igual que ocurre con la condición física, se mejora ejercitándola con frecuencia.

- Tan importante es memorizar un tema nuevo como no olvidar los ya aprendidos, por lo que es necesario **consolidar**, repasando, lo estudiado. Comprobar que dominamos temas anteriores mejora nuestra capacidad de auto concepto.

- De ahí la importancia de estudiar teniendo delante nuestro **resumen personalizado** y olvidarnos de aumentar los contenidos del tema porque, además de crearnos inquietudes, posiblemente no podamos reflejar todo lo que sabemos en el tiempo que tenemos de examen.

Mostramos en el siguiente **gráfico/tabla** un claro y rápido ejemplo de cómo auto planificarse el estudio durante la semana a partir de tres **módulos** diarios:

EJEMPLO DE PLANIFICACIÓN SEMANAL-TIPO
Combinación de estudio-repaso-programación-UU.DD.-prácticos-trabajo profesional-descanso

MÓD.	LUNES MAÑANA	MARTES MAÑANA	MIÉR. MAÑANA	JUEVES MAÑANA	VIERNES MAÑANA	SÁB. MAÑANA	DOM. MAÑANA
1	TRABAJO	Estudio tema nuevo semana	TRABAJO	Repaso tema nuevo	TRABAJO	Casos Prácticos	Libre
2	TRABAJO	Estudio tema nuevo semana	TRABAJO	Programación	TRABAJO	Casos Prácticos	Libre
	TARDE	TARDE	TARDE	TARDE	TARDE	TARDE	TARDE
3	Estudio tema nuevo semana	Programación	Repaso temas anteriores	UU. DD.-U.D.I.	Sesión de clase con preparador	Repaso temas anteriores	Repaso temas anteriores

3. RECOMENDACIONES PARA LA REALIZACIÓN DEL EXAMEN ESCRITO. ESTRATEGIAS.

NOTA: Muchos de los consejos que ahora damos, sobre todo los relacionados con la presentación, escritura, etc. son también aplicables a la realización por escrito de los casos prácticos, si los hubiera.

En las convocatorias anteriores se ha comprobado que la mayoría de aprobados en el examen escrito tenían **buena letra**, además de contenidos notables. Efectivamente, entre los criterios de evaluación que utilizan los tribunales hay algunos puntos destinados a la **presentación** que no podemos desechar. Incluso, si la Orden de la Convocatoria indica que el opositor deberá **leer** su propio **examen** ante el tribunal, éste suele comprobar posteriormente su estructura, sintaxis, ortografía, etc.

En ocasiones, como hemos comprobado en la Convocatoria de Maestros en Extremadura'16, los tribunales han advertido a los opositores que es **imprescindible** demostrar un excelente nivel de letra, ortografía, sintaxis, estructura del examen, etc. Es decir, consideran prioritarios estos aspectos formales. Es lógico, ¿cómo un docente, que se supone va a enseñar y corregir en su trabajo diario al alumnado, no va a dominar su propio estilo y calidad de letra, ortografía, etc.?

No llegar a tiempo a los llamamientos supone la primera **precaución** a tomar. En ocasiones, las instalaciones donde se celebran las oposiciones se ven saturadas desde varios kilómetros antes de llegar. A ello hay que sumar el tiempo para aparcar, buscar el aula asignada, etc. **Llegar tarde** puede suponer la **no presentación** y la consiguiente **eliminación**.

Gracias a las observaciones hechas por los tribunales de años anteriores y por los criterios de evaluación que han transcendido, estamos en disposición de apuntar una serie de anotaciones a considerar por las personas opositoras durante su periodo de preparación con nosotros. Habitualmente los tribunales reservan parte de la nota total para los **aspectos "formales"** del examen, que ahora comentamos. Esto es de vital importancia porque dos opositores con igual cantidad y calidad de contenidos, sacará mejor nota quien mejor lo presente. Ante ello, debemos reservar algunos minutos para poder **revisar** el examen antes de entregarlo, teniendo en cuenta lo siguiente:

- Nadie aprueba con **mala letra**. Igual decimos de la presentación y limpieza.

- Esto lo hacemos extensivo a las faltas de **ortografía**, acentuación mala **sintaxis**, incorrecciones **semánticas**, **expresión** y **redacción**, **vulgarismos**, **repetir la misma palabra** continuadamente, **tachones**, suciedad, etc. No podemos "escribir igual que hablamos", como es el caso de **anacolutos, silepsis** y **solecismos** que rompen la concordancia nominal. También, no poner el número del tema elegido o su título. Otro error habitual es el mal uso de los puntos, bien seguido, bien aparte y de las coma. No obstante y en este sentido, el opositor tiene ahora otro problema por estar acostumbrado a escribir al "estilo redes sociales". Por ejemplo, el uso del grafo "arroba" para referirse a niñas y niños.

- Debemos escribir por **una carilla** -al menos que el tribunal indique otra cosa- con letra más bien grande para facilitar su lectura. No poner detalles como "no recuerdo…"; "creo que…"; "no me da tiempo…"; "me parece que es…".

- Si disponemos de **dos horas**, la **media** de **folios** (carillas o páginas) que se suele hacer oscila entre **14 y 16**, con **17-22 renglones** cada uno (20 es lo habitual) y **9 palabras/renglón,** teniendo en consideración unos **márgenes laterales** y **superior e inferior** de 2 a 2'5 centímetros. No obstante, conforme avanza la preparación y la habilidad para escribir este tipo de examen, hay quien aumenta el volumen de páginas de manera significativa, pero siempre manteniendo y respetando los criterios de evaluación que suelen tener los tribunales: letra, limpieza, construcción semántica, ortografía, etc. Si preferimos escribirlo en un procesador de textos, como puede ser "Word", el número de palabras suele estar alrededor de las 2400-2700, aproximadamente.

- Los **renglones** deben ser **paralelos** y siempre con el mismo **interlineado**. En caso de tener problemas para hacerlo, podemos llevarnos una **plantilla** ya hecha, como una hoja tamaño folio de cuaderno de rayas, o bien hacerla allí mismo con lápiz y regla. Si tampoco pudiese ser (a veces los tribunales han hecho especial hincapié en "no entrar con plantilla, regla, etc."), nos esmeraríamos en la realización de la primera página, aunque tardásemos más tiempo, y ésta nos serviría como "falsilla" o planilla de renglones. Otro "**truco**" es hacerla a partir del **DNI** al que previamente le hemos hecho unas señales minúsculas con la anchura que deseamos. Éste nos sustituiría a la regla.

- No se puede ser "loco o loca" escribiendo. Para ello es importante el **entrenamiento** durante el periodo de preparación. De ahí surge la **automatización** de todos estos aspectos, además del sangrado, márgenes, etc. No poner abreviaturas.

- Por otro lado debemos **numerar** las hojas, incluso algunos lo hacen poniendo "1 de 15; 2 de 15…".

- La utilización de **dos colores** de tinta **no** suele estar **permitido**, como tampoco subrayados para señalizar los títulos, epígrafes, ideas fundamentales, etc., al menos que el tribunal exprese lo contrario. En todo caso, **preguntar** al tribunal antes de empezar si es posible su uso, así como de tippex. También si se pueden poner gráficos, flechas, tablas, etc., si el tribunal lo permite, pero la Orden de la Convocatoria suele prohibirlo por considerarlo posible "**señal**". Un **bolígrafo** tipo **gel** y apoyarnos sobre un **superficie dura** para que éste se deslice mejor, nos permite mayor velocidad de escritura manteniendo su calidad. Quienes suelen hacer tachaduras, previendo que no les dejen usar tippex, pueden optar por un **bolígrafo borrable por fricción** (marca Pilot o similar) que elimina cualquier rastro de su propia tinta. Ojo, porque en algunos modelos la tinta puede "desaparecer" por efecto del calor y/o de la exposición del examen escrito a la luz solar. No obstante, determinados "bolígrafos rápidos" que se basan en tinta tipo gel, suelen ser peor para opositores **zurdos**, por razones obvias. Recordamos la necesidad de seguir exactamente las **instrucciones** que nos dé el tribunal al respecto, habida cuenta tenemos experiencias sobre la **anulación** de exámenes por el uso de este tipo de herramienta de escritura.

- No olvidemos que la mayoría de los títulos de los temas tienen tres puntos, por lo que debemos **dividir** la totalidad de materia que escribamos en tres partes similares. De esa forma, evitamos exponer mucho contenido de una parte en perjuicio de otra. Así pues, normalmente haremos tres puntos con varios subpuntos cada uno buscando la conexión entre los mismos. Además, pondremos el **índice** al principio, tras el título, **introducción**, **conclusiones**, **bibliografía** -que incluye la legislación- y webgrafía. En **resumen**, queda muy bien, limpio y "amplio", la estructuración del examen de esta manera:

NÚMERO DE PÁGINA	SU CONTENIDO Y DETALLES
1	**Título** del tema elegido. Centrado y en mayúsculas.
2	**Índice**. Cuadrarlo en esta página únicamente, por lo que debemos estructurar bien el tamaño de los grafos y su interlineado.
3 y 4	**Introducción**. La 3 y parte de la 4, con el contenido "común" a todos los temas. El resto, lo que vayamos a escribir específicamente del tema. Debe tener cierta peculiaridad con objeto de atraer la curiosidad del corrector, habida cuenta es lo primero que leerá, por lo que debemos esmerarnos también con la calidad y limpieza de la letra. Nombrar en la parte específica los descriptores del título y en cada uno dar una o dos referencias del mismo. Podemos "presentarlo" a través de su importancia en el currículo y citar sus referencias legislativas. Usar, preferentemente, dos páginas y siempre con un matiz de "a lo largo del tema vamos a describir, estudiar, analizar, etc."
5	**El primer descriptor** del título del tema van ya a partir de la 5ª página. Es el eje alrededor del cual gira la nota relativa a los contenidos. Incluye definiciones, clasificaciones, teorías, líneas metodológicas, referencias curriculares, aplicaciones prácticas, actividades, etc., todo ello citando a autores y normativa que luego quedarán reflejados en la bibliografía, pero con una redacción técnica. En cualquier caso debemos marcar claramente cuándo finalizamos el primer punto y comenzamos el siguiente. Si somos "olvidadizos", podemos dejar un interlineado relativamente amplio por si nos acordamos después de algún detalle olvidado y deseamos incorporarlo sin tachones
Antepenúltima	**Conclusiones**. Lo más notable que hemos tratado, los puntos clave. Al ser lo último que el corrector lee, deben estar muy cuidadas porque puede influir decisivamente en la nota.
Penúltima	**Bibliografía**. Reseñar algún/os libro/s "comodín/es" y de los autores nombrados anteriormente. También la **legislación** general y/o específica significada en el desarrollo del tema. Incluye la legislación, aunque con ésta podemos hacer otro apartado. En este caso debemos reseñarlo también en el índice.
Última	**Webgrafía**. Alguna general, como la de las diversas consejerías de educación tienen como apoyo al profesorado y revistas digitales. También la específica a los contenidos tratados.

En cualquier caso, es **imprescindible** conocer los **criterios de evaluación** que van a seguir los tribunales, máxime si son públicos, como viene ocurriendo en varias comunidades autónomas, y en Andalucía de forma más concreta, tal y como hemos citado en el capítulos anteriores. Debemos, pues, hacer caso de ellos y citar o desarrollar todos los **aspectos** que los criterios mencionan. Por ejemplo, en alguna comunidad incluyen un ítem relacionado con la "***opinión personal***" del opositor sobre el tema tratado.

El tiempo no lo podemos "regalar" ni despreciar, por lo que si terminamos el examen y aún quedan cinco o diez minutos, debemos **repasar** lo escrito por si se nos ha olvidado algo relevante o no hemos puesto la debida atención a las faltas gramaticales, sesgos sexistas, escritura con "códigos SMS", etc. Así pues, debemos agotar el tiempo subsanando cualquier error.

Si la preparación ha sido buena, nada más hacerse el sorteo de los temas, debemos decidirnos por uno. Inmediatamente nos concentramos y empezamos a desarrollarlo, porque debemos ya tener "**automatizada**" su escritura. Si empezamos a dudar, comenzamos a perder el escaso tiempo que nos dan.

En caso de haber estudiado con "**esquemas**", lo mejor sería hacernos uno en sucio para usarlo como guía en la redacción del examen. Este folio nos sirve también para tomar notas, para ir estructurando el tema, etc. Pero, repetimos, la escritura del tema debemos tenerla automatizada porque si no perdemos el tiempo. Esta hoja la destruiríamos al terminar.

Si hemos preparado una introducción, conclusiones, bibliografía y webgrafía "estándar", podemos irlas escribiendo en el llamado "**tiempo perdido**" que suele haber desde que nos dan los folios hasta que sortean los números de los temas. Después podemos añadir los rasgos específicos del tema ya elegido.

Nuestros preparados suelen preguntarnos por la expresión a usar. Aconsejamos el "**plural mayestático**" (*nosotros, ahora vemos, estudiamos, podemos seguir, observamos*, etc.)

Otro aspecto importante es la **elección** del tema de entre los sorteados. Debemos hacer el que dominemos mejor, el que ya lo hayamos escrito muchas veces durante la preparación, el que nos garantice escribir más folios, en suma, el que nos dé más seguridad.

No olvidar llevarse **agua** y alguna pieza de **fruta**. Normalmente a finales de junio suele hacer mucho **calor** y la sensación de éste aumenta con la tensión del examen.

Ahora adjuntamos una **hoja con un resumen** de los **aspectos formales** del examen escrito del tema, aunque aplicable también a la redacción de los **casos prácticos**.

MODELO ESTÁNDAR DE PRESENTACIÓN PARA PRUEBA ESCRITA

2.- COORDINACIÓN Y EQUILIBRIO EN LA INICIACIÓN AL FÚTBOL ESCOLAR.

sangrado   2.1. CONCEPTUALIZACIONES PRELIMINARES.

Desde un primer momento es adecuado tener en cuenta que cualquier movimiento, por mínimo que sea, requiere coordinación y equilibrio adecuados. Por ejemplo, abrir y cerrar una mano conlleva que una serie de grupos musculares realicen (agonistas) la acción y que otros se relajen (antagonistas) para que aquéllos puedan actuar, así como que otros grupos estabilicen (fijadores) los de la muñeca para que lo anterior pueda tener lugar (Téllez, 2014).

La coordinación nos permite hacer lo pensado, es decir, realizar la imagen mental que nos hemos hecho, el esquema motor. Está íntimamente ligada a las habilidades y destrezas básicas a través de su relación con la coordinación dinámico general y la coordinación óculo-segmentaria, respectivamente (Mateos y Garriga, 2015).

Precisamente, las edades porpias de la Primaria son las más críticas para el desarrollo de las capacidades coordinativas (Bugallal, 2011).

Si nos fijamos atentamente en un partido de fútbol podemos observar numerosas acciones diferentes y que, mal hechas, pueden producir lesiones, como dejinses:

a) Carreras
b) Saltos
c) Giros
d) Lanzamientos

Todos ellos con infinidad de VARIANTES. Para que todos esos gestos "salgan bien" ~~havrá~~ habrá sido necesario un director que regule todos los mov. Esta es la función del sistema nervioso.

4. PARTES ESTÁNDARES A TODOS LOS TEMAS.

Muchas de las personas que preparamos tienen **problemas** por la falta de tiempo o de, simplemente, por ser poco capaces de aprender **introducciones, conclusiones, bibliografías, legislación y webgrafía** de cada uno de los temas.

Uno de los **remedios** para no "castigar" la memoria es confeccionarse unos "**estándares**" o "**comunes**" que den servicio a estos apartados.

Si a ello le unimos la racionalidad en la confección del Índice, a partir de los tres o cuatro apartados o descriptores del título del tema, hemos ahorrado un esfuerzo a nuestra memoria.

Así pues, vamos a dar una serie de **consejos** para que cada persona lectora los elabore de una forma sencilla pero eficaz unos textos usuales, si bien deberíamos a continuación podríamos **complementarlos** con unos **rasgos específicos** del tema que, prácticamente, nos vienen dado por el **título** que nos escribirá el tribunal en la pizarra de la sala de examen. Por ejemplo, si la Introducción la hacemos en dos páginas, los aspectos comunes pueden suponer entre el 60-75 %, es decir, pagina y un tercio de la siguiente. Si la Conclusión la hacemos en una única, las tres cuartas partes podemos dedicarla a los textos estandarizados y el resto a los concretos del tema escrito.

INTRODUCCIONES COMUNES A TODOS LOS TEMAS

Cuando hemos hablado con los componentes de los tribunales, habitualmente nos indican que suelen fijarse en el "detalle" de si el opositor ha puesto desde el principio o no **referencias** a la **legislación actual**, debido a que suelen entender que cualquier tema debe redactarse **a partir** de las leyes educativas, decretos y órdenes que las desarrollan. Así pues, debemos hacer mención, **respetando su jerarquía**, de:

- Ley Orgánica 8/2013, de 9 de diciembre, para la mejora de la calidad educativa (LOMCE). B.O.E. nº 295, de 10/12/2013.
- Ley Orgánica 2/2006, de 3 de mayo, de Educación (LOE). B.O.E. nº 106 del 04/06/2006. (Modificada por la LOMCE/2013).
- Ley 17/2007, de 10 de diciembre, de Educación en Andalucía. E.O.J.A. nº 252, de 26/12/2007 O ley de Educación autonómica que se corresponda con la Autonomía donde nos presentemos).
- M. E. C. (2014). *Real Decreto 126/2014, de 28 de febrero, por el que se establece el currículo básico de la Educación Primaria.* B. O. E. nº 52, de 01/03/2014.
- M.E.C. (2015). *Orden ECD/65/2015, de 21 de enero, por la que se describen las relaciones entre las competencias, los contenidos y los criterios de evaluación de la educación primaria, la educación secundaria obligatoria y el bachillerato.* B.O.E. nº 25, de 29/01/2015.
- JUNTA DE ANDALUCÍA (2015). *Decreto 97/2015, de 3 de marzo, por el que se establece la ordenación y el currículo de la educación Primaria en la comunidad Autónoma de Andalucía.* BOJA nº 50 de 13/013/2015.

○ decreto de Educación autonómica que se corresponda con la Autonomía donde nos presentemos).
- JUNTA DE ANDALUCÍA (2015). *Orden de 17 de marzo de 2015, por la que se desarrolla el currículo correspondiente a la educación Primaria en Andalucía*. BOJA nº 60 de 27/03/2015. U Orden de Educación autonómica que se corresponda con la Autonomía donde nos presentemos).

No obstante, entendemos que sería un buen detalle **citar** también a las **Competencias Clave**, habida cuenta su importancia a partir de la publicación de la LOE/2006, actualizada por la LOMCE/2013.

Igualmente podemos hacer mención a la legislación correspondiente a la evaluación o a la relacionada con la atención a la **diversidad**, pero tanto texto no nos cabe, de ahí la necesidad de **sintetizar** la información que consideremos más representativa.

Otra línea es plasmar alguna "**frase hecha**" preparada con antelación, como "*enseñar Educación física con éxito supone diseñar una programación coherente con el contexto, disponer de un amplio abanico de estrategias didácticas, generar un clima de clase que invite al aprendizaje, utilizar adecuadamente los recursos materiales y tecnológicos e integrar la evaluación en el proceso de aprendizaje*" (Blázquez y otros, 2010).

Otro ejemplo puede ser: "*Uno de los fines genéricos que persigue la Educación Física escolar es favorecer la ubicación personal del alumno/a en la sociedad, en una cultura corporal donde la escuela proporcione al alumnado los medios apropiados para su acceso y, en consecuencia, conseguir los beneficios que de ella pueden conseguir: desarrollo personal; equilibrio psicofísico; mejorar la salud; disfrutar del tiempo de ocio; etc., así como el desarrollo de la autonomía personal ante las influencias que imponen los nuevos mitos sociales*". "*El cuerpo y el movimiento como ejes básicos de nuestra acción educativa*"; "*el área de Educación Física se muestra sensible a los acelerados cambios que experimenta la sociedad...*"; "*la importancia de las relaciones interpersonales que se generan alrededor de la actividad física permiten incidir en la asunción de valores como el respeto, la aceptación, la cooperación...*". Si bien estos ejemplos los hemos concretado para el área/asignatura de Educación Física, fácilmente podemos adecuarlo o sustituirlo por el propio de la especialidad a la que nos presentemos.

Posteriormente, en la Introducción debemos hacer referencias a la materia que trata el tema elegido, lo que antes hemos referenciado como "rasgos específicos". Esto nos resulta fácil con un poco de práctica, simplemente comentando una o dos líneas a partir del título del tema que el tribunal detalla en la pizarra. No obstante, el sentido de lo que expresemos debe ir encaminado a lo que "**vamos a tratar** en el desarrollo del tema..."

CONCLUSIONES COMUNES A TODOS LOS TEMAS

Si en las introducciones se basan en lo que "vamos a estudiar en el tema...", con las Conclusiones ocurre al contrario: "a lo largo del tema **hemos visto** (escrito, estudiado, tratado, etc.) la importancia de..." Para ello podemos **actuar** como antes, es decir, un par de **párrafos comunes** a todas las temáticas. Por ejemplo, "la trascendencia del conocimiento del propio cuerpo, vivenciándolo y disfrutándolo, además de respetarlo". Otra posibilidad es incluir un párrafo basándonos en algunos ejemplos de estos textos **estandarizados**:

"Todos los niños y niñas tienen el derecho a una educación de calidad que permita su desarrollo integro de sus posibilidades intelectuales, físicas, psicológicas, sociales y afectivas" (Decreto 328/2010). *"Entendemos la etapa de primaria como fundamental para el desarrollo de las capacidades motrices del alumnado y donde el docente debe observar las deficiencias de éstos para corregirlas lo más rápidamente posible".*

En Andalucía, la O. 17/03/2015, indica que: *"la Educación Física es un área en la que se optimizan las capacidades y habilidades motrices sin olvidar el cuidado del cuerpo, salud y la utilización constructiva del ocio. En Educación física se producen relaciones de cooperación y colaboración, en las que el entorno puede ser estable o variable, para conseguir un objetivo o resolver una situación. La atención selectiva, la interpretación de las acciones de otras personas, la previsión y anticipación de las propias acciones teniendo en cuenta las estrategias colectivas, el respeto de las normas, la resolución de problemas, el trabajo en grupo, la necesidad de organizar y adaptar las respuestas a las variaciones del entorno, la posibilidad de conexión con otras áreas, el juego como herramienta primordial, la imaginación y creatividad".*

Posteriormente plasmamos algunos rasgos de lo más característico que hemos escrito durante la redacción del tema escogido. Realmente se trata de que destaquemos lo más trascendental de cada uno de los apartados de los descriptores del título, pero con información nueva, expresando que "a lo largo del tema hemos visto la importancia de..." o "hemos indicado en la redacción del tema los conceptos, clasificaciones, didáctica de...".

BIBLIOGRAFÍA COMÚN A TODOS LOS TEMAS DE LA ESPECIALIDAD DE EDUCACIÓN FÍSICA

Si bien los autores somos especialistas en Primaria y Educación Física, quien nos lea puede **adecuar** este contenido a la asignatura o área que le interese

Hay quien diferencia **bibliografía** de **legislación**. Nosotros lo **unificamos**.

Evidentemente cada tema tiene una serie de volúmenes principales o monográficos de apoyo, pero también está muy claro que hay una serie de **libros generales de didáctica** que vienen muy bien tenerlos en cuenta para ponerlos en la mayoría de los temas. Son las publicaciones que habitualmente se manejan en las facultades de Magisterio. Los tribunales suelen valorar más ediciones de los **últimos años**, aunque siempre habrá libros "clásicos", sobre todo las **monografías** de conocidos autores y que son muy **específicas** de los **temas**. Por ejemplo, Delgado Noguera en temas relacionados con la metodología y organización; Blázquez con evaluación y con la iniciación deportiva; Rigal en motricidad, etc.

Algunos ejemplos de bibliografía **común**, es decir, libros que prácticamente en su totalidad tratan **todas** las **materias** de los veinticinco temas, son:

ADAME, Z. y GUTIÉRREZ DELGADO, M. (2009). *Educación Física y su Didáctica. Manual de Programación*. Fondo Editorial de la Fundación San Pablo Andalucía CEU. Sevilla.

ARRÁEZ, J. M.; LÓPEZ, J. M.; ORTIZ, Mª M. y TORRES, J. (1995). *Aspectos básicos de la Educación Física en Primaria. Manual para el Maestro*. Wanceulen. Sevilla.

BLÁZQUEZ, D.; CAPLLONCH, M.; GONZÁLEZ, C.; LLEIXÁ, T.; (2010). *Didáctica de la Educación Física. Formación del profesorado*. Graó. Barcelona.

CAÑIZARES, J. Mª y CARBONERO, C. (2009). *Currículum de Educación Física en Primaria para Andalucía*. Wanceulen. Sevilla.

CAÑIZARES, J. Mª y CARBONERO, C. (2009). *Currículum de Educación Física en Primaria*. Wanceulen. Sevilla.

CHINCHILLA, J. L. y ZAGALAZ, M. L. (2002). *Didáctica de la Educación Física*. CCS. Madrid.

CONTRERAS, O. R. y GARCÍA, L. M. (2011). *Didáctica de la Educación Física. Enseñanza de los contenidos desde el constructivismo*. Síntesis. Madrid.

CONTRERAS, O. y CUEVAS, R. (2011). *Las Competencias Básicas desde la Educación Física*. INDE, Barcelona.

FERNÁNDEZ GARCÍA, E. -coord.- (2002). *Didáctica de la Educación Física en la Educación Primaria*. Síntesis. Madrid.

FERNÁNDEZ GARCÍA, E. -coord.- CECCHINI, J. A. y ZAGALAZ, Mª L. (2002). *Didáctica de la educación física en la educación primaria*. Síntesis. Madrid.

GALERA, A. D. (2001). *Manual de didáctica de la educación física. Una perspectiva constructivista moderada*. Vol. I y II. Paidós. Barcelona.

GIL MORALES, P. (2001). *Metodología didáctica de las actividades físicas y deportivas*. Fundación Vipren. Cádiz.

SÁENZ-LÓPEZ, P. (2002). *La Educación Física y su Didáctica*. Wanceulen. Sevilla.

SÁNCHEZ BAÑUELOS, F. (1996) *Bases para una Didáctica de la Educación Física y los Deportes*. Gymnos. Madrid.

SÁNCHEZ BAÑUELOS, F. y FERNÁNDEZ, E. -coords.- (2003). *Didáctica de la Educación Física para Primaria*. Prentice Hall.

SÁNCHEZ GARRIDO, D. y CÓRDOBA, E. (2010). *Manual docente para la autoformación en competencias básicas*. C.E.J.A. Málaga.

VICIANA, J. (2002). *Planificar en Educación Física*. INDE. Barcelona.

VILLADA, P. y VIZUETE, M. (2002). *Los Fundamentos teóricos-didácticos de la Educación Física*. Secretaría General Técnica del M. E. C. D. Madrid.

VV. AA. (2008). *Colección de manuales de atención al alumnado con necesidades específicas de apoyo educativo*. (10 volúmenes). C. E. J. A. Sevilla.

ZAGALAZ, Mª L.; CACHÓN, J.; LARA, A. (2014). *Fundamentos de la programación de Educación Física en Primaria*. Síntesis. Madrid.

De toda esta variedad, debemos decidir entre **dos y cuatro**, dado que debemos **añadir** otros tantos de los autores citados durante el desarrollo del tema, es decir, **específicos** o exclusivos del mismo, más la **legislación** correspondiente y completar **el folio** dedicado a la bibliografía.

En este sentido, hay una serie de **documentos legislativos** "obligatorios" porque, entre otras cosas, los hemos debido referir en el examen escrito. Además, debemos reseñar otros **específicos** de los temas. Por ejemplo, si tratamos la "evaluación", debemos anotar la Orden de 4 de noviembre de 2015, por la que se establece la ordenación de la evaluación del proceso de aprendizaje del alumnado de educación Primaria en la Comunidad Autónoma de Andalucía.

Cada persona opositora debe adecuarla a la comunidad autónoma donde se presente.

WEBGRAFÍA COMÚN A TODOS LOS TEMAS

Hoy día muchas de nuestras fuentes consultadas se encuentran en **Internet**, de ahí que debamos señalar algunas **webs fiables**. Nos inclinamos por revistas electrónicas de prestigio en la didáctica general y en la educación física en particular, así como a los portales de las propias **consejerías** de educación de la comunidades autónomas. Todas ofrecen recursos didácticos, experiencias... y legislación aplicada.

Algunos ejemplos, son:

http://www.agrega2.es
http://recursos.cnice.mec.es/edfisica/
http://www.ite.educacion.es/es/recursos
http://www.educarm.es/admin/recursosEducativos#nogo
www.juntadeandalucia.es/educacion/descargasrecursos/curriculo-primaria/index.html
http://www.gobiernodecanarias.org/educacion/webdgoie/
http://www.educarex.es/web/guest/apoyo-a-la-docencia
http://www.catedu.es/webcatedu/index.php/recursosdidacticos
http://www.adideandalucia.es

BIBLIOGRAFÍA COMÚN A TODOS LOS TEMAS DE LA ESPECIALIDAD DE PRIMARIA

1.- AGELET, J. (et al.) (2000). *Estrategias organizativas de aula: propuesta para atender la diversidad.* Graó. Barcelona.

2.- ANTÚNEZ, S., IBERMÓN, A. y OTROS (2004). *Del Proyecto Educativo a la Programación de Aula.* Graó. Barcelona.

3. CABERO, J. y LLORENTE, M.C. (2006). *La rosa de los vientos. Dominios tecnológicos de las TIC por los estudiantes.* GID. Sevilla.

4.- COLL, PALACIOS Y MARCHESIS (2004) *Desarrollo psicológico y educación* (Vol.2) 2ª Ed. Alianza. Madrid.

5.- DELVAL, J. (2006). *Hacia una escuela ciudadana.* Ediciones Morata. Madrid.

6.- GIMENO SACRISTÁN, J. (2006). *La reforma necesaria.* Ediciones Morata. Madrid.
7.- MARCHESI, A. y MARTÍN, E. (1998): *Calidad de enseñanza en tiempos de cambios.* Alianza. Madrid.

8.- PÉREZ GOMEZ. A.I. (2007) *La naturaleza de las Competencias Básicas y sus implicaciones pedagógicas.* Cuadernos de Educación de Cantabria. Santander.

9.- ROMAN, M. y DÍEZ, E. (2001). *Diseños curriculares de aula: un modelo de planificación como aprendizaje-enseñanza*. Novedades Educativas. Buenos Aires.

10.- SANTOS GUERRA, M. A. (1993). *La evaluación: un proceso de diálogo, comprensión y mejora*. Aljibe. Málaga.

11.- STENHOUSE, L. (1984) *Investigación y desarrollo del currículum*. Morata. Madrid.

12.- TEJADA, J. (2000). *Didáctica-Currículum: diseño, desarrollo y evaluación curricular.*, Tau, Oikos. Barcelona.

13.- TORRES, J. (2000) *Globalización e interdisciplinariedad: el currículo integrado*. Morata. Madrid.

14.- VV. AA. (2000). *Del Proyecto Educativo a la programación de Aula*. Graó. Barcelona.

15.- ZABALA, A. [coord.] (2000). *Cómo trabajar contenidos en el aula*. ICE U. de Barcelona.

16.- ZABALA, A. (1999) *Enfoque Globalizador y pensamiento complejo*. Graó. Barcelona.

www.ingramcontent.com/pod-product-compliance
Lightning Source LLC
Chambersburg PA
CBHW080924180426
43192CB00040B/2704

PROPHETESS RASHIDA POTTS

Presents
In Her Shoes: The Collection

STAINED & HOLLOW

Stained & Hollow:

SLIP away from hurt, STEP into healing, WALK towards help

Workbook 1

Pastor Rashida S Potts

COPYRIGHT

Copyright © 2015 by **The Butterfly Typeface**
All rights reserved. This book or any portion thereof
may not be reproduced or used in any manner whatsoever
without the express written permission of **The Butterfly Typeface**
except for the use of brief quotations in a book review.

Printed in the United States of America

First Printing, 2015

ISBN-13: 978-1-942022-02-2

The Butterfly Typeface Publishing
PO BOX 56391
Little Rock Arkansas 72215

DEDICATION

Praise be to God for all of His awesome blessings towards me! I truly dedicate this book to the mothers of my life. First to my Mother, you have raised me well. I thank God for you and how you instilled in me the power of a true worship! Because of you I am the woman I am today. Because of you, I know how to pray, I know how to stand and I know I have to believe in MY GOD!

Thank you mama, for when I was *stained and hollow*, you never turned your back on me! You have always prayed for me and believed in me when the world - yes the World - tuned their back on me! God has filled my *hollowness* with LOVE, JOY, PEACE and His SPIRIT!

God has released a new level of anointing in my life because you were my first coach! I Love you mother, First Lady Robertha Everett!

To my other Mother, my Mother-in-law, even though you have gone to be with The Lord, your legacy has remained! You are truly missed MAWMAW. I dedicate my *Stained and Hollow* workbook to you as well! I pray that WOMEN OF GOD are healed all over the World through this book! Thank you for loving me when I didn't Love myself! I will teach the Love of God into every woman I come in contact with.

IN HER SHOES, YOU WORKED WHILE IT WAS DAY!!! Rest in Peace Mother Belinda Potts!!!!

IN HER SHOES

The **"In Her Shoes"** Ministry, is a women focused ministry that God birthed within PRPM in 2009, from a broken and low place.

While watching and waiting on God, He used something so simple as a pair of shoes and manifested himself - her baby leaped, she began to write the vision and it became clear: God wanted her to focus on helping women heal from brokenness, shame, rejection, low self-esteem and a 'victim mentality'. All of a sudden, all of her God given gifts finally made room for her and she understood her purpose and calling.

Like many women in ministry, her anointing and calling needed to be fed and fueled, however, she still had the responsibilities of being a supermom, a helpmate in ministry and the weight of all of this was taking its toll.

Prophetess Rashida, with boldness and conviction performs her monologues to crowded churches and sold out events and by day, she uses her hands and her discerning spirit to minister to women through beauty and hair. The future is bright for this powerhouse, woman of God, ready and willing, she will come in and shift the atmosphere, motivate and uplift at your women's events, heal the broken hearted, tap into the needs of your people and be led of the Holy Spirit to release gifts and set the captives free. PRPM Services include, but are not limited to:

- ❖ In Her Shoes Monologues
- ❖ Motivational Speaking
- ❖ Revelation & Breakthrough Coaching
- ❖ Tapping Into the Prophetic Seminars
- ❖ One On One Coaching with Prophets, Teachers, Evangelists and Ministry Workers

TABLE OF CONTENTS

Introduction

Unit I: Slip away from the Hurt 16
Shame (**H**idden feelings)
Lies (**U**n-truths)
Ignorance (**R**emedial)
Powerless (**T**orn)

Unit II: Step into Healing 26
Smart (**H**onor your temple)
Truth (**E**ducate yourself)
Empowered (**A**cknowledge who you are)
Pride (**L**ift up your eyes)

Unit III: Walk towards Help 36
When will you move? (**H**eadway)
Answer the call (**E**ngage)
Leave the baggage behind (**L**iberate)
Keep progressing forward (**P**roceed)

Epilogue

Salvation Prayer

FOREWORD

God has entrusted this mighty warrior of God with helping to rebuild the lives of women who have been wounded in this battle we call life. This spiritual workbook causes you to take the pain that you have encountered in life and do just what God meant for you to do with it - use it for His Glory!

The pain and heartache you have encountered becomes a tool that is used to set the captive free. As this wonderful workbook points out, your pain is no longer your shame. *For our weapons of warfare are not carnal but they are mighty through God to the pulling down of strong holds.* **2 Corinthians 10:4**

You began to help others who are encountering the same pain and life lessons you have, the hollowness that is inside of you as a result of the tragedy you have faced began to become filled with the fruits of Gods Spirit.

You become whole again. You began to stop focusing on the past and began to set your thoughts on things that bring life!

What so ever things are true, whatsoever things are honest, whatsoever things are just, whatsoever things are pure, whatsoever things are lovely, whatsoever things are of a good report; if there be any virtue and if they be any praise, think on these things. **Philippians 4:8**

I invite you to allow this tool that God has ordained to change your life.

-Anetta Stephens

IN HER SHOES

Many of you have been the beautiful Barbie,
yes beautiful on the outside and empty on the inside.

With your face painted just right,
hair fried, dyed, and laid to the side.

Why hide behind the cold unmovable Mask?
Honey, let me hold your hand
and I will walk you through this Task!

"Ouch!" "NO!" "STOP!" you have said along the way.
You did not know I was there binding and rebuking Satan
telling him, "YOU CAN NOT AND YOU WILL NOT STAY!"
Through this JOURNEY you have looked back
and noticed it took you day by day!

Once ***Stained & Hollow***,
Woman of God are you ready to tell your story?
It will heal you, and then you can give God the Glory.

Yes it's okay to come out and tell how you were bruised,
for this is how your life was lived IN HER SHOES!

First Lady Rashida Sonia Potts

ACKNOWLEDGEMENTS

Wow! I never knew I would be here in this place of heart felt overflow! As you know I didn't get here by myself, so I want to acknowledge my FAMILY; my husband, Pastor Frederick Potts sr. and my four amazing, funny kids: Jyhree, Frederick, Serenity and Isaiah. Without you guys I truly don't know where I would be!!! Thanks for calling me *Blessed*. I pray I become a better wife and mother!

To my B.O.G. family - near and far - I want to thank you. You have loved me unconditional and have always honored the God in me.

To my Prophetic Mentors Prophetess Rachael R. Roberson, all I can say is thank you! Iron sharpens iron!

To the cast of *In Her Shoes Play and Ministry*, you guys ROCK! I remember sitting in the bed praying that God would give me something that would blow the socks off of my group of ladies and heal them at the same time!!! God showed up and out!! Many of you cried and said to me, "I can't do it First Lady!" or "I'm not ready to release". However, you pushed through and your testimony became, "I never knew I would be free like this after telling my story!" I remember picking some of you off the floor because as you relived your testimony it was too hard and heavy to bear the weight on your own. Even during 'practice', I saw God move in such a way that we couldn't dismiss his presence. Some of the feedback that came from the healing that took place in the lives of others after hearing your story were; "AMAZING!" and "Yes, God used you all!" He will use many more to come as well but you awesome Ladies have set the path!

How can I thank this small town girl that moved to North Carolina, just to meet me ... lol. Well, a least that's how I feel! When God showed me that you had this gift of writing in you and to move fast to pull it out, I didn't know it was gonna be this AWESOME! LOL! I'm TRULY AT AWE OF WHAT GOD IS DOING IN YOUR LIFE, I BELIVE THIS IS JUST THE BEGINNING OF YOUR FAVOR JOURNEY! Thank you so much, my Sis. Iris Williams. Thank you!

To my MOTHER ROBERTHA AND MY FATHER CLARENCE EVERETT YOU ARE AMAZING TO ME. I GIVE SO MUCH PRAISE TO GOD FOR ALLOWING ME TO BE YOUR second child! Whoooo, what can I say to you both besides there is none like you. You are so special to me that sometimes when I sit and think of you and how y'all taught me love, showed me love, and loved on me I began to cry!!! May God richly and truly bless the socks off you with OVERFLOW!

To my Crazy siblings; oldest sister LaDonna, only brother Clarence Jr. (U.S. Army) and my mini me baby Sister Lathesia! You guys keep me moving. I always dreamed that one day I would get to take y'all on a 10-day all-inclusive vacation where we would eat all we want, shop 'til we drop and enjoy the best of everything!! I feel free to say that one day it will happen!! Much love and blessing to you all!!

Thank you Pauletta Mattheson (aka Sister Mattheson) for your prayers and constant encouragement. In your words, "Mercy!" Yes, His mercy kept me!

To Nene and Lynn – when I was stained and Hollow you pulled me out of a low place. *"Therefore whatsoever ye have spoken in darkness shall be heard in the light; and that which ye have spoken in the ear in closets shall be proclaimed upon the housetops."* **Luke 12:3**

There are too many names to call out but I thank EACH of you! To ALL of the First Ladies in my life that have called me for advice and prayer - thank you for trusting the God in me! I Love you and hang in there and fight! We are called to groom Kingdom Ladies!

First Lady Rashida Sonia Potts

INTRODUCTION

A BROKEN woman is a lost woman. Instead of confidence, she exudes the scent of a victim and becoming easy prey for would-be abusers. Like rotten meat, sharks find it easy to spot her.

Most of us have something from our childhood that influenced our spirit in a negative manner. Unless and until we identify the toxic poison that lives in our mind, we can never truly be free from the things that that we attempt to escape.

It is easy to believe the bad things that people tell us about ourselves. We embrace them because usually it's comforting to us. Someone a long time ago told us lies that were believable and now as adults, we find it comforting to hear those same lies. The truth sounds foreign to us.

This class will help you to identify warning signs of a broken personality as well as give you guidance for breaking the cycle of abuse. Even if you are lucky enough to free yourself from an abuser, chances are you will have a repeated experience. You must heal the wound. Applying a Band-Aid is only a temporary solution.

"In Her Shoes" is about replacing the worn out mantra of low self-esteem and with a brand new mantra of confidence.

Slip away from the hurt, step into healing and walk towards help!

UNIT 1:

Slip* away from the effects of *hurt

- **S** Shame
- **L** Lies
- **I** Ignorance
- **P** Powerless

WHEN someone hurts you, the effects can linger. Unchecked, broken bones can cause a lifetime of issues. This is also true of broken spirits. Our minds are very powerful. What we think of ourselves is directly related to what others think of us. A broken woman is easy prey for an abuser. If you've ever wondered why the same type of things keep happening to you it is because unkind people can sniff you out a mile away.

This is important to realize because even if you are able to untangle yourself from the web of an abuser, if you do not recognize that you invited him into your life – it will only be a matter of time before you are right back into the clutches of another!

This unit is designed to address the characteristics of a victim. We cannot change what we do not acknowledge. Don't be afraid if you recognize these character traits as your own. Once you admit to a problem, it is easier to fix it.

Define yourself or someone else will!

SHAME

HAVE you ever wondered why you feel shame over something that someone else did? Shame is a very powerful emotion. It only takes a thread of self-doubt for shame to sprout tentacles and attach itself to you. At first you are ashamed of 'the act' but soon you become ashamed of 'you'.

The Lie:

Kathleen was a young mother of two. She was recently divorced and about to lose her apartment because she couldn't make the rent. She was so excited when she landed her new job as file clerk for the town's well known prestigious physician Dr. Johnson. While training her, Dr. Johnson frequently patted Kathleen's bottom and told her how firm it was. He also told her that if she wanted to make some extra money, he had a 'job' she could do. Kathleen needed her job. She didn't like Dr. Johnson's touching or suggestions. She didn't know what to do.

The Truth:

Abusers are very powerful and know the right things to say in order to keep their victims silent. Part of their tactic is to seek out victims that they feel are easy to control and manipulate. Dr. Johnson knew that Kathleen needed her job and that no one would believe her over him. He not only abused Kathleen. He also abused his power.

Miss Teen Mom

This young lady represents a large percent of women. From baby to toddler, to tea parties, to baby dolls, to now holding one of your own! She wasn't ready and all of the books in the world couldn't prepare her for what it would feel like to be a pregnant teen!

"For I know the plans I have for you say's the Lord. They are plans for good and not for disaster, to give you a future and a hope."
          Jeremiah 29:11

For Discussion:

Why is this a hard decision for Kathleen?

What is it about Kathleen that causes Dr. Johnson to target her as his victim?

If Kathleen stays, does she then become a willing a participant?

What can Kathleen do to turn this situation around?

Have you ever been in a situation like this? How did you resolve it?

LIES

LIES ARE vicious and sneaky untruths that are highly contagious and can spread like wildfire. They can be told to you by others and are very harmful to your psyche. However, the lies we tell ourselves are even more damaging. Lies, like shame, are a byproduct of low self-esteem. When we have a low value of ourselves, it is very easy for someone else to define us and our situations.

The Lie:

Later, after Kathleen arrived home from work she decided to contact her best friend Margerie for advice. Margerie lived in her parent's basement. She had lost her job before Kathleen but didn't find one in time in order to keep her apartment. Margerie's response was, "Kathleen, stop being so uppity! A little pat on the bottom here and there is no big deal. You've always thought you were better than the rest of us but you're just a piece of meat like every other woman I know. Be glad someone wants to at least pay you for what the rest of us do for free!"

The Truth:

Obviously, Margerie is still hurting from her misfortune in life. Hurt people, hurt people. Margerie doesn't value herself (or other women) so of course she doesn't see why this is an issue for Kathleen.

Miss Party Girl

HBCU's like A&T, Howard, and NCCU are all the 'places to be'. A place where a young girl can be 'free', or so she thinks. Two out of ten females are alcoholics by the time they graduate college (if they graduate!). Be careful young lady. Make sure you know what's in your bottle!

"Whosoever will save his life shall lose it, but whosoever shall lose his life for my sake and the gospels shall save it."
Mark 8:35

For Discussion:

Why do you think Margerie is so angry?

Does she sound like a friend of Kathleen's?

How can you tell that Margerie doesn't have high self-esteem for herself or women in general?

Do you think Margerie's advice is good advice? Why or why not?

Do you know anyone like Margerie? What is your opinion of her?

IGNORANCE

NO DOUBT you've heard the phrase, 'ignorance is bliss'. However, nothing could be further from the truth. In absence of knowledge, it's easy to embrace misinformation. Many people keep quiet about sexual abuse and assault. They mull things over in their own minds without the benefit of fact or compassion. This is a very dangerous thing because this allows the abuser to retain his/her original power.

The Lie:

The next day at work, Kathleen confronted Dr. Johnson. She told him that she was going to go to the police and report him even if it meant losing her job. Dr. Johnson's response was, "I don't know what you're talking about Kathleen but it's very disturbing to know that you are not satisfied with the opportunity that I've provided. There is no evidence of your allegation. I'm a very prominent person in this community. No one would take you seriously. You'll not only ruin your life, but your children will suffer as well. I suggest you rethink your decision."

The Truth:

The truth is the truth no matter who admits to it.

Miss Violated

She has become desensitized to the hurt and walks on ... she doesn't know that the world see her pain with every step she takes. Sometimes, the most expensive and beautiful shoes are the ones that hurt the most. Cute on the outside, but bruised on the inside.

"But he was pierced for our transgressions, he was crushed for our iniquities; the punishment that brought us peace was upon him, and by his wounds we are healed."

Isaiah 53:5

For Discussion:

Can you detect the lies that Dr. Johnson is telling Kathleen?

Do you think Kathleen will believe Dr. Johnson? Why or Why not?

Have you ever been told a lie that you initially thought was true? What made it believable?

Dr. Johnson is a prominent physician. Do you think he is capable of lying? Why or Why not?

Do you know anyone like Dr. Johnson? How is this person similar to Dr. Johnson?

POWERLESS

WHEN your self-esteem is low, you don't know that you have power over your life. It is easy for others to make you feel ashamed for things they have done to you. It is easy for them to convince you of lies. Abusers count on the fact that their victims are ignorant of the law and of the facts of sexual abuse/harassment. If you feel you don't have power, you behave as if you don't have power. Powerless people are easily controlled by others.

The Lie:

Kathleen went home again with a heavy heart. Dr. Johnson was right. No one would believe her. She had no proof of his inappropriate behavior. It would be her word against his. This time was no different than the last time. She couldn't help but remember how horrible her life had been after she'd told her mother about the things her mother's boyfriend had been doing to her. Kathleen knew that this time would be no different. She put her hands in her head and cried.

The Truth:

It is true that we don't have power over anyone else's life or the things they choose to do or don't do. But we do have control over our own lives. We can stand up for what is right – regardless of who stands with us.

Miss Product of Divorce

In the middle of it. Every other weekend and summer vacations. This is how she lived her childhood. She hoped and prayed that one day she would wake up to her parent's reconciliation. Inside she screamed, "I wish they knew what they were doing to me!!!"

"But if the unbelieving depart, let him depart. A brother or a sister is not under bondage in such cases: but God hath called us to peace.

1Cor 7:15

For Discussion:

What makes Kathleen so afraid of speaking the truth?

How does Dr. Johnson know Kathleen will be too afraid to expose him?

Does Kathleen have power? Why or Why not?

Does Kathleen know she has power? Why or Why not?

Have you ever felt powerless? Were you able to regain your power?

Unit 2

Step into *Heal*ing

- **S** Smart
- **T** Truth
- **E** Empower
- **P** Prepare

WE ALL have a choice in this life. We can choose to remain hurt or we can choose to heal. A scab will remain sore and fester if you continue to pick at it. Healing begins when you administer medicine and a bandage. Like our bodies, our spirits have the capacity to heal as well. God made us in his image, therefore we come equipped with what we need in order to live a life that is healthy and productive.

This is important concept to understand. If you think you cannot move past hurt, then you will not. A victim mentality attracts those who would victimize. However, if you KNOW that you can move past your past, then you shall. A strong, confident woman repels victimizers. Your confidence acts as a shield much like bug spray deters pest!

This unit is designed to address the characteristics of a confident woman. Again, we cannot change what we do not acknowledge. If you have these traits, that is great. Be sure to hold on to them because each bad incident we encounters threatens to damage our resolve. If you do not possess the traits of a confident woman, do not fear – you can turn things around.

Know your worth so that others may know it too!

SMART

BECAUSE we are made in the image of God, there is God in all of us. The negative things that happen to us do not define who are, nor do they limit us. When bad things happen, they are an opportunity for growth. Problems present themselves in our lives to show us the areas that need attention. If you continue to ignore these opportunities, they will continue to present themselves until you are forced to face them. Your body is your temple. Honor it and treat it as such.

The Lie:

When Kathleen was a child, her mother frequently told her that she wasn't worth very much. The kids in school teased her and called her dumb and ugly. Kathleen's father left before she was born sending what was a clear message to Kathleen, that she simply wasn't loveable.

The Truth:

Even if no one else knows your worth – you MUST know your worth. After all, how can anyone know it if you do not. The truth is, we really do wear our feelings on our sleeves. If you feel ugly and of no value people will treat you that way. If you feel like a victim, you will be a victim. However, if you KNOW that you are beautiful, smart and the child of a King – others will know it as well. They will treat you as you desire to be treated and if they don't, you will have the strength to remove them from your life.

Miss Quest for the Best

Prada, Coach and Michael Kors are the names of her things. City lights, cell phone and fine dining are the reasons she's on the prowl tonight.

Ain't nothin' going on ... but the rent!

This woman looks like a million bucks, but she feels like a *penny with a hole it!*

"And my God will meet all your needs according to his glorious riches in Christ Jesus"

Philippians 4:19

For Discussion:

What lies have Kathleen been told by others?

What lies have Kathleen told herself?

How do you know they are lies?

Why doesn't Kathleen know they are lies?

How are the lies from Kathleen's past affecting her relationship with Dr. Johnson?

TRUTH

HAVE YOU heard the phrase, "The truth shall set you free?" It is true. While lies weigh you down, the truth releases you from the weight of deception. Haven't you noticed how negativity causes a person to wither and darken while positivity inflates and illuminates? Anything that is said or done to intentionally weaken the resolve of another person is quite simply – a lie. Which means that the opposite is the truth. Educate yourself on your truth.

The Lie:

During Kathleen's mother frequent tyrants she used to say to Kathleen, "I should have known that you weren't going to be much because your father wasn't much either."

In school, the kids would tease Kathleen and say, "We have never seen anyone as ugly as you."

The Truth:

Hurt people hurt people. That's just the simple fact of life. Kathleen's father left Kathleen and her mother when Kathleen was just a baby.

Kathleen's mother is Caucasian and her father is African American. Kathleen was the only child in her classroom to have long curly hair and a fair complexion.

Miss Depressed

Satan uses whatever he can to put us in a mindless stupor. It usually starts with a simple disappointment, but it can end with an untimely funeral. According to research, a person can be depressed for 6 weeks to 23 months without even knowing that something is seriously wrong. You don't have to be a sinner for life to be hard. Ask your sister how she's feeling today. Your prayer may keep her from taking her own life.

"The Lord is close to the broken-hearted and saves those who are crushed in spirit."

Psalm 34:18

For Discussion:

Why do you think Kathleen's mother said the things she said to Kathleen?

Why do you think the kids in Kathleen's class said the things they said to Kathleen?

What do you think is the actual truth (Remember, the truth is usually the opposite of the lie.)?

What can Kathleen do to change the negative mantras that play in her head?

Have you ever been in a situation like this? How did you resolve it?

EMPOWER

DO YOU feel obligated to others? Do you have expectations of others? Do you feel guilt and shame because of something someone else did? These are all signs that you have given your power away.

Your life is yours. The only person who has authority over you is God. Victims give their power to others. Strong, confident women retain their own power. You may not even know that you've given your power away until you find that your voice is gone.

The first step in regaining your power is to speak up and out about the things that are bothering you.

The Lie:

Each morning, Kathleen looks in the mirror and begins the morning with negative mantras, "You are ugly, you are dumb and you are weak. Dr. Johnson is right. I may as well face the truth. No one will believe me."

The Truth:

What we see in the mirror each morning is probably not what is really there. Our perception for who we are gets distorted based on the childhood and negative experiences we have.

Take some think about your assets. Do you have supporting documentation? Are there things you want to change? If so, don't view them as negative, but as goals for the future.

Miss Stripper

This woman is often scorned. No mercy is extended to her. She covers her broken heart with her lifestyle. But, what happens when the broken vessel becomes the chosen vessel. DO NOT TALK ABOUT HER. Though she lives her worldly life hard, should she chose to get to know the Lord, she will serve him without regard.

"I beseech you therefore, brethren, by the mercies of God, that ye present your bodies a living sacrifice, holy, acceptable unto God, which is your reasonable service.

Romans 12:1

For Discussion:

How can Kathleen empower herself? Be specific.

Should Kathleen quit her job with Dr. Johnson? Why or Why not?

Have you felt obligated to someone else? Do you have high expectations of others?

What are some of your assets? List at least three.

List supporting documentation for the assets you listed above.

PRAISE

JUST AS negative mantras have power, so do positive mantras. The mind is a very powerful tool. If you hear negative things ALL of the time, you will begin to believe them. By the same token, if you hear positive things ALL of the time, you will believe them as well. It may not seem like it, but what you say to yourself has the greatest impact on your life. Sure others may plant the seed of doubt, but you are the one who cultivates it.

The Lie:

The more Kathleen thought about her childhood and all of the negative things that happened, the more she began to realize that everyone had been right about her along. She was dumb and ugly. After all, only a dumb person would make all of the mistakes that she had made. Of course she was ugly, why else would it be so hard for her to find someone who loved her and stayed around.

The Truth:

The things we say to ourselves have the most power. If you look in the mirror and see ugly, you will begin to act ugly. Why wear makeup or buy nice clothes or bother with hair appointments. Truth is, the way you present yourself to the world is the way the world will view you.

Miss Determined

"Whatever it takes!" she said. She had a plan and some goals but never knew she was going to have to go through – like she did. Ladies, you go from glory to glory but are you ready for your part?

"Therefore, my beloved brethren, be ye stedfast, unmovable, always abounding in the work of the Lord, forasmuch as ye know that your labour is not in vain in the Lord.

1 Corinthians 15:58

For Discussion:

What were Kathleen's negative mantras?

How did Kathleen cultivate her negative mantras?

Have you been exposed to negative mantras? What were they?

How did you overcome them?

What are some positive mantras that can replace the negative ones?

Unit 3

Walk Towards *Help*

W When will you move? (**H**eadway)

A Answer the call! (**E**ngage)

L Leave the baggage behind! (**L**iberate)

K Keep progressing forward! (**P**roceed)

YOU ARE not alone in your journey. No matter what has happened in your past, you can move forward and have a fruitful life. We are not defined by the things we have done or by things that were done to us. What defines us is our reaction to life. When life knocks you down, get up. When you are handed lemons, make lemonade!

This is an important concept to understand. When you know better, then you are required to do better. Now that you know that you do not have to be defined by your hurt. You can be healed. Acknowledge your problem and when help is offered – take it! Too many times we resist the things that will benefit us because we are afraid to move forward. We fear what we do not know and we cling to familiarly – even when it is not positive. You see this in battered women who choose to return to their abuser rather than attempt a life on their own.

This unit is designed help the confident woman not only recognize the signs of help, but to also grab ahold to the 'rope' and pull themselves back from the brinks of despair.

Faith without works is dead! **James 2:17**

HEADWAY

LIFE IS a journey. You should always be on your way to the next lesson. Often times we find ourselves stuck and replaying / reliving the same negative event. That is because we haven't taken the time to learn the lesson we need to learn from the experience.

The only way to move forward and make progress in life is to tackle our problems head first. When bad things happen, acknowledge them and take ownership for the part you played then determine how you could have made the situation better. That is how you grow.

The Old:

For years Kathleen replayed in her head all of the bad things that were done to her by her mother and her schoolmates. She wore her past around her neck like a chain and it wore her spirit down to the point where she was unable to move forward.

The New:

Kathleen can take off the chain she has been wearing. She is the only one who can. If she takes it off because someone else tells her to, chances are she will only put it back on the first opportunity she gets. Change – real change – is only effective when YOU realize that it needs to happen.

Acknowledge your truth so you can move on from it!

Miss Chameleon

She can be whoever she chooses to be because she wants nothing to do with being herself. How are you today?" she asks. But what she really wants to know is how she can conform to who YOU are in order to please you. In reality, she needs to find out just who SHE is!

"Beloved, believe not every spirit, but try the spirits whether they are of God: because many false prophets are gone out into the world."

1 John 4:1

For Discussion:

How has living in the past affected Kathleen's future?

What kind of chain (burdens) did Kathleen wear around her neck?

Is there a negative part of your life that you wear around your neck? Elaborate.

How can you remove the burdens of the past?

Why is it important that Kathleen want to change instead of changing for someone else?

EXCHANGE

HAVE YOU ever had an old pair of shoes that were worn out and not covering your feet very well but because they were comfortable, you were reluctant to get rid of them?

Wearing worn out shoes that don't provide adequate covering can cause damage to your feet.

Holding on to negative habits can damage your mind/body/soul.

Embracing a victim mentality will only ensure that you are further victimized. Picking at old wounds just means that you won't heal. You have to be willing to exchange old habits for new ones that will provide positive results.

The Old:

Kathleen's self-esteem was badly bruised as a child because of things her mother and kids from school did/said. Kathleen's confidence was nonexistent. She did not value herself and believed that she deserved all the bad things that happened to her.

The New:

Kathleen can change her self-esteem. Her past does not have to define who she is today. She can use her past as fuel towards a new life. The things that happened to her had little to do with who she was and more to do with who her mother and those kids were not.

Miss Homicidal Tendencies

YES, she is mad as HELL! "How can I love someone so much, yet want to murder him?" She asks. Ladies, there really is a thin line between love and hate! STOP looking for your COMPLETION and look for your COMPANION. Find yourself first. If not, misery will surely follow you!

"For your hands are defiled with blood, and your fingers with iniquity; your lips have spoken lies, your tongue hast muttered perverseness."

Isaiah 59:3

For Discussion:

What are some ways that Kathleen can turn her life around?

How will learning her value help those in Kathleen's life to know her value?

How are the negative things that Kathleen's mother and her school friends said/did more about them than Kathleen?

How can Kathleen use her past to fuel her future?

Have you exchanged old bad habits for new ones? Elaborate.

LIBERATE

LEAVING the past behind is not an easy task, but it is something that is required in order to move forward. Holding on to the past imprisons you to those who have control over you.

One way to liberate yourself from the past is to forgive those who have hurt you. It does not mean that you agree with the things that were done to you but it does mean that you accept that they happened. You can now let it go and work towards rebuilding your life – the kind that you want.

The Old:

Kathleen saw her mother and her schoolmates everywhere and in every relationship. Dr. Johnson taunted and teased and belittled her and she knew that he was right to do so because according to her mother and those kids, she wasn't worth very much.

The New:

Our worth is not determined by others or even by what we have material wise. Our worth is determined by our character. A person of value is kind, giving and concerned for others.

When you allow others to define your worth, you lose your sense of self. You are restricted from being who God intended you to be because you are focused on being who others expect you to be.

Let go, Let God!

Miss Busy Body

What happens when the 24 hours of the day are not enough? She would trade in her running shoes for roller skates ... if she could. No one ever told her that it is ok to say NO. Eventually, the superwoman's persona gives way to the ultimate frustration. Woman, you need to take a break before you break down. Even God rested on the seventh day!

"Therefore, since we are surrounded by such a great cloud of witnesses, let us throw off everything that hinders and the sin that so easily entangles, and let us run with perseverance the race marked out for us."

Hebrews 12:1

For Discussion:

Who was holding Kathleen hostage? How was this happening?

How can Kathleen free herself from her captors?

Are you or someone you know being held hostage? If so, by whom?

How can you determine if you are living the life God intended for you?

Do you have an experience with forgiveness? Elaborate.

PROCEED

WE ARE born, we die and in between we must live. A journey is no longer a journey the minute we stop moving.

Don't become stagnant in your life. Don't allow the past to hold you hostage and rob you of what is yours.

Make headway by exchanging old bad habits for new good ones. Liberate yourself from the grasp of your victimizers. You are not a victim.

The things that happened to you are just that – things that happened. You are not your problems. You are victorious, beautiful and you can succeed.

God designed it that way!

The Old:

Kathleen's life was not moving. Year after year she faced the same types of problems – people who controlled her through manipulation and fear. She allowed it because she felt weak and unworthy.

The New:

Kathleen's life was not moving because she was dragging too much baggage behind her. The weight of it was so heavy that she was at a standstill. People like Dr. Johnson showed up because she wore her status like a neon 100 pound change around her neck that read – 'you can take advantage of me'. All she has to do is untangle herself from those chains and take back her life!

Miss Neglected

In our lives we have seasons of rain. But for some, it seems to rain every day. The sky has an overcast of dark clouds. But look up little sister. The sun is destined to shine on your face.

"And the king shall answer and say unto them, Verily I say unto you, inasmuch as ye have done it unto one of the least of these my brethren, ye have done it unto me.

Matthew 25:40

For Discussion:

Is your life or someone you know stagnant? How so?

_____

_____

Why is it hard for you to see your own problems?

_____

_____

What does emotional baggage look like?

_____

_____

Do you or someone you know have emotional baggage? Elaborate.

_____

_____

What are some ways you can eliminate emotional baggage?

_____

_____

Epilogue

YOU WILL be pleased to know that Kathleen stood up to Dr. Johnson. He fired her of course, but as she was leaving the office she got a call from one of the other physicians in the building.

Turns out he knows what kind of man Dr. Johnson is and when he heard that Kathleen was fired he knew it was because she had stood up to him.

Dr. Williams told Kathleen that he and his wife were Christians and were looking for employees who had high moral standards. He recognized that in her and wanted to hire her to be his head nurse.

You can't go wrong – doing right!

I pray that something in this workbook has been a blessing for you. Go back and re-read the scriptures and your notes.

Change is not easy but it is possible.

Bad things are going to happen to us, but we can't let them define who we are or how we move forward in life.

Don't be a victim – instead be VICTORIOUS!

SALVATION PRAYER

The Salvation Prayer is a means of communicating our commitment to Christ as our Lord and Savior. In Her Shoes is one way we show our love and obedience to God. Saying and living this salvation prayer is another tool. Use it as guide to your deliverance:

"God, I recognize that I have not lived my life for You up until now. I have been living for myself and that is wrong. I need You in my life; I want You in my life. I acknowledge the completed work of Your Son Jesus Christ in giving His life for me on the cross at Calvary, and I long to receive the forgiveness you have made freely available to me through this sacrifice. Come into my life now, Lord. Take up residence in my heart and be my king, my Lord, and my Savior. From this day forward, I will no longer be controlled by sin, or the desire to please myself, but I will follow You all the days of my life. Those days are in Your hands. I ask this in Jesus' precious and holy name. Amen."

If you decided to repent of your sins and receive Christ today, welcome to God's family. Now, as a way to grow closer to Him, the Bible tells us to follow up on our commitment. Get baptized as commanded by Christ. Tell someone else about your new faith in Christ. Spend time with God each day. It does not have to be a long period of time. Just develop the daily habit of praying to Him and reading His Word. Ask God to increase your faith and your understanding of the Bible. Seek fellowship with other followers of Jesus. Develop a group of believing friends to answer your questions and support you.

Find a local church where you can worship God.

Reference(s)
http://www.allaboutgod.com/salvation-prayer.htm#sthash.sSkrqllP.dpuf

Workshop Comments & Suggestions

Workshop Content

- ☐ Not enough information
- ☐ Too much information
- ☐ Did not enjoy partnering
- ☐ Nice overview
- ☐ Helpful
- ☐ I would have liked to cover

_____

_____

Facility (Check all that apply)

- ☐ Just right
- ☐ Too small
- ☐ Difficult to find
- ☐ Too hot or too cold

Cost (Check all that apply)

- ☐ Too expensive
- ☐ Too low
- ☐ Just right

What did you like most about the workshop? Why?

_____

What did you like least about the workshop? Why?

_____

What are your thoughts regarding the products offered? Please be specific.

_____

Suggestions for future workshops

_____

"Lo, I am with you always, even until the end of time." Matthew 28:20 (KJV)

The Butterfly Typeface Publishing

The Butterfly Typeface is a professional writing, editing and full service publishing company. Our goal is to 'spread a message' of inspiration, imagination and intrigue in all that we do.

Whether you hire us to edit, ghostwrite, publish (books & magazines) or web design, you are guaranteed exemplary customer service, fairness and quality.

Our vision, under God's leadership, is to serve and assist in the healing of the heart, mind and soul of *all* people we encounter with integrity, intentional influence and positive purpose.

"We make good GREAT!"

Iris M Williams – Owner

The Butterfly Typeface
PO Box 56391
Little Rock Arkansas 56391
501.747.1143

www.thebutterflytypeface.com
info@butterflytypeface.com

www.ingramcontent.com/pod-product-compliance
Lightning Source LLC
Chambersburg PA
CBHW080924180426
43192CB00040B/2681